Impressum
Verlag: BABADADA GmbH, Nedderfeld 112 , 22529 Hamburg
Geschäftsführer / Verlagsleitung: Harald Hof
Druck: Books on Demand GmbH, In de Tarpen 42, 22848 Norderstedt

Imprint
Publisher: BABADADA GmbH, Nedderfeld 112 , 22529 Hamburg, Germany
Managing Director / Publishing direction: Harald Hof
Print: Books on Demand GmbH, In de Tarpen 42, 22848 Norderstedt

école

ysgol

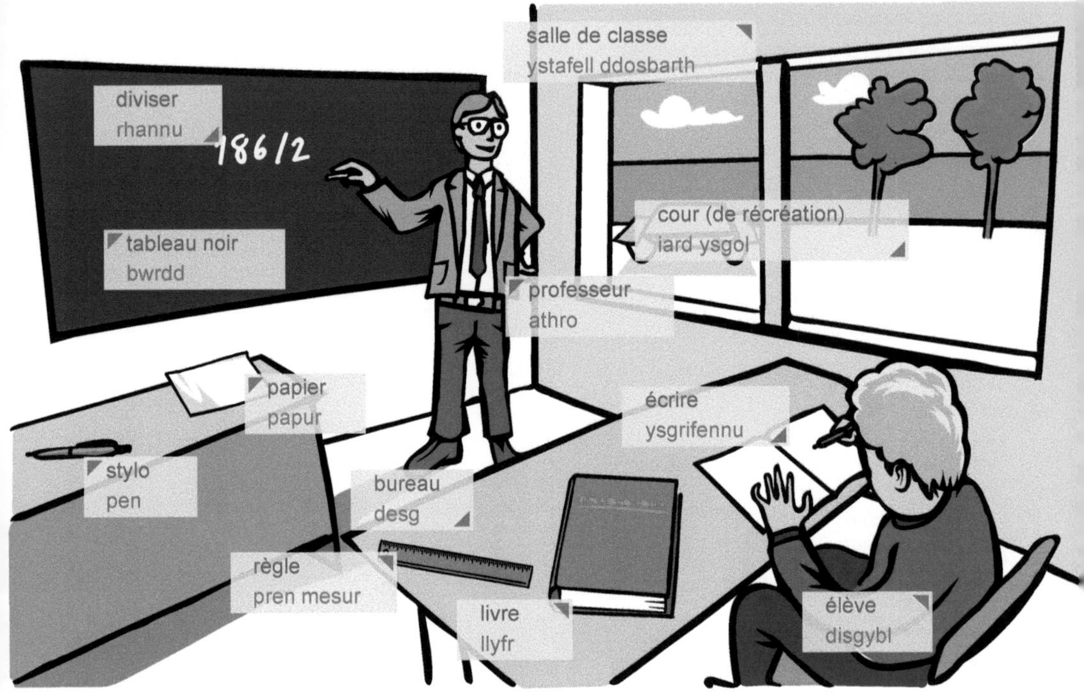
salle de classe
ystafell ddosbarth
diviser
rhannu
186/2
tableau noir
bwrdd
cour (de récréation)
iard ysgol
professeur
athro
papier
papur
écrire
ysgrifennu
stylo
pen
bureau
desg
règle
pren mesur
livre
llyfr
élève
disgybl

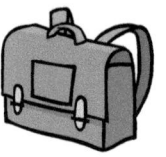

cartable

bag ysgol

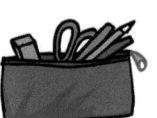

trousse

blwch penselau

crayon

pensil

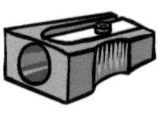

taille-crayon

miniwr

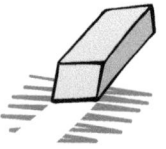

gomme

rwber

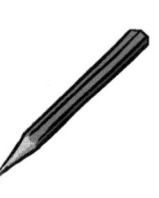

carnet à dessin

pad arlunio

dessin
draw

pinceau
brws paent

boîte de peinture
blwch paent

ciseaux
siswrn

colle
glud

cahier d'exercices
llyfr ysgrifennu

devoirs
gwaith cartref

chiffre
rhif

2+2

additionner
ychwanegu

soustraire
tynnu

multiplier
lluosi

calculer
cyfrifo

lettre
llythyren

alphabet
gwyddor

mot
gair

texte

testun

lire

darllen

craie

sialc

leçon

gwers

livre de classe

cofrestr

examen

arholiad

certificat

tystysgrif

uniforme scolaire

gwisg ysgol

formation

addysg

lexique

gwyddoniadur

université

prifysgol

microscope

microsgop

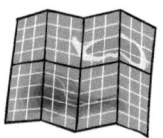

carte

map

corbeille à papier

basged papur gwastraff

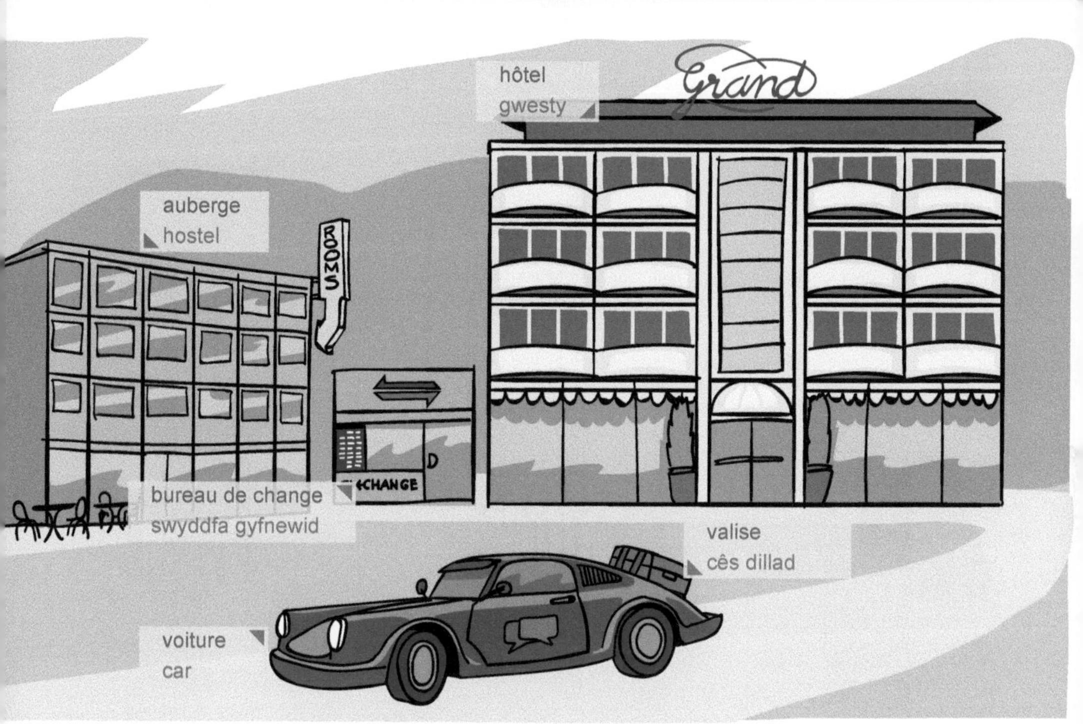

hôtel
gwesty
Grand
auberge
hostel
ROOMS
CHANGE
bureau de change
swyddfa gyfnewid
valise
cês dillad
voiture
car

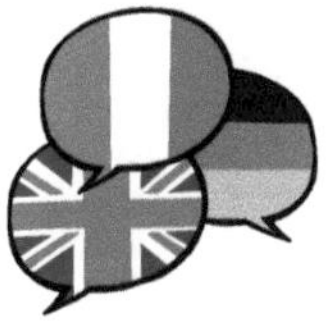

langue

iaith

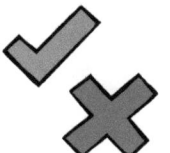

oui / non

ie / na

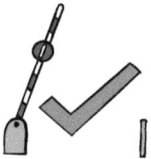

d'accord

iawn

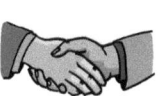

Salut

helo

interprète

cyfieithydd

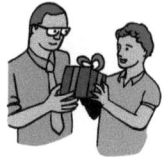

merci

Diolch yn fawr

Combien coûte...?

faint yw ...?

Je ne comprends pas

Dw i ddim yn deall

problème

problem

Bonsoir !

Noswaith dda!

Bonjour !

Bore da!

Bonne nuit !

Nos da!

Au revoir

hwyl

direction

cyfarwyddyd

bagages

bagiau

sac

bag

sac-à-dos

gwarbac

hôte

gwestai

pièce

ystafell

sac de couchage

sach gysgu

tente

pabell

office de tourisme

gwybodaeth i ymwelwyr

plage

traeth

carte de crédit

cerdyn credyd

petit-déjeuner

brecwast

déjeuner

cinio

dîner

swper

billet

tocyn

ascenseur

lifft

timbre

stamp

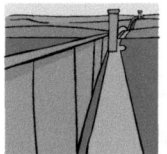

frontière

ffin

douane

tollau

ambassade

llysgenhadaeth

visa

fisa

passeport

pasbort

transport
cludiant

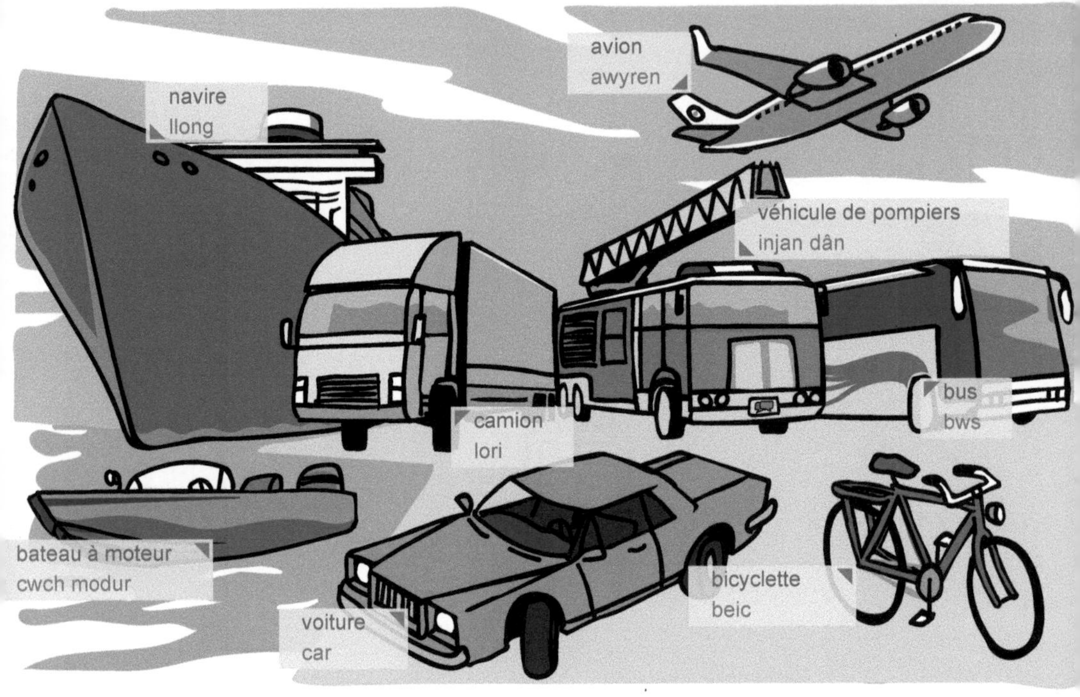

avion
awyren
navire
llong
véhicule de pompiers
injan dân
bus
bws
camion
lori
bateau à moteur
cwch modur
bicyclette
beic
voiture
car

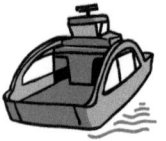

ferry

fferi

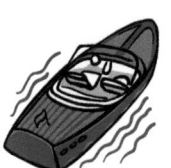

barque

cwch

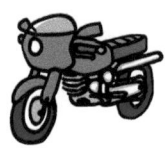

moto

beic modur

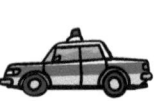

voiture de police

car yr heddlu

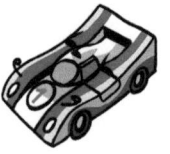

voiture de course

car rasio

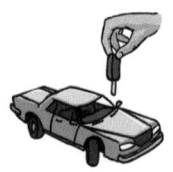

voiture de location

car wedi'i rentu

auto-partage

rhannu car

voiture de remorquage

lori tynnu

benne à ordures

lori ysbwriel

moteur

modur

essence

tanwydd

station d'essence

gorsaf betrol

panneau indicateur

arwydd traffig

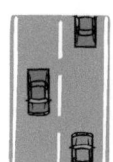

trafic

traffig

embouteillage

tagfa draffig

parking

maes parcio

gare

gorsaf drennau

rails

traciau

train

trên

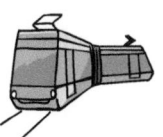

tramway

tram

wagon

wagen

hélicoptère

hofrennydd

aéroport

maes awyr

tour

twr

passager

teithiwr

conteneur

cynhwysydd

carton

paced

chariot

cert

corbeille

basged

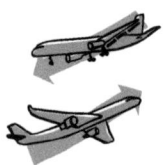

décoller / atterrir

esgyn / glanio

ville

dinas

village

pentref

centre-ville

canol y ddinas

maison

tŷ

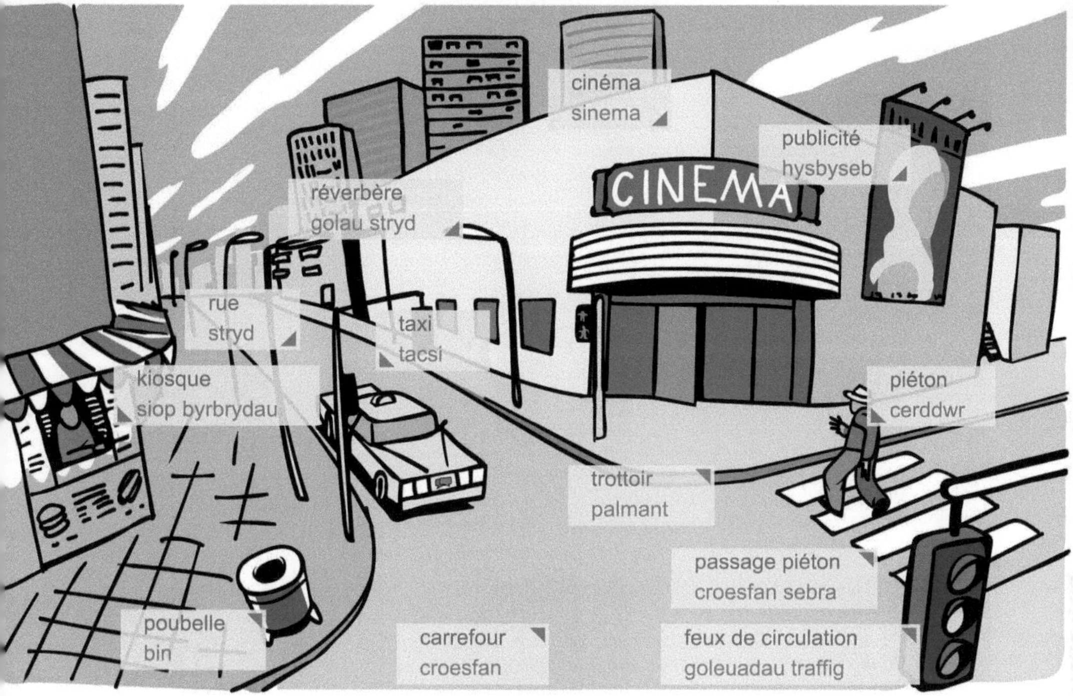

cinéma
sinema

publicité
hysbyseb

réverbère
golau stryd

CINEMA

rue
stryd

taxi
tacsi

kiosque
siop byrbrydau

piéton
cerddwr

trottoir
palmant

passage piéton
croesfan sebra

poubelle
bin

carrefour
croesfan

feux de circulation
goleuadau traffig

cabane

cwt

appartement

fflat

gare

gorsaf drennau

mairie

neuadd y dref

musée

amgueddfa

école

ysgol

université

prifysgol

banque

banc

hôpital

ysbyty

hôtel

gwesty

pharmacie

fferyllfa

bureau

swyddfa

librairie

siop lyfrau

magasin

siop

fleuriste

siop flodau

supermarché

archfarchnad

marché

farchnad

grand magasin

siop adrannol

poissonnerie

siop bysgod

centre commercial

canolfan siopa

port

harbwr

parc

parc

banque

banc

pont

pont

escaliers

grisiau

métro

rheilffordd danddaearol

tunnel

twnnel

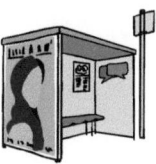

arrêt de bus

safle bws

bar

bar

restaurant

bwyty

boîte à lettres

blwch post

panneau indicateur

arwydd stryd

parcmètre

mesurydd parcio

zoo

sŵ

piscine

pwll nofio

mosquée

mosg

ferme

fferm

pollution

llygredd

cimetière

mynwent

église

eglwys

aire de jeux

maes chwarae

temple

teml

paysage
tirwedd

feuille
deilen

panneau indicateur
arwydd cyfeirio

chemin
ffordd

pré
dôl

pierre
carreg

arbre
coeden

randonneur
heiciwr

rivière
afon

herbe
glaswellt

fleur
blodyn

vallée

cwm

montagne

bryn

lac

llyn

forêt

coedwig

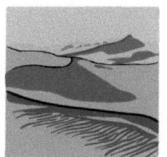

désert

anialwch

volcan

llosgfynydd

château

castell

arc-en-ciel

enfys

champignon

madarchen

palmier

palmwydden

moustique

mosgito

mouche

pryf

fourmis

morgrugyn

abeille

gwenyn

araignée

pryf copyn

coléoptère

chwilen

grenouille

llyffant

écureuil

gwiwer

hérisson

draenog

lièvre

ysgyfarnog

chouette

tylluan

oiseau

aderyn

cygne

alarch

sanglier

baedd

cerf

carw

élan

elc

barrage

argae

éolienne

tyrbin gwynt

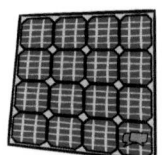

panneau solaire

panel haul

climat

hinsawdd

serveur
gweinydd

menu
bwydlen

chaise
cadair

soupe
cawl

pizza
pitsa

couverts
cyllyll a ffyrc

nappe
lliain bwrdd

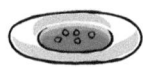

hors d'œuvre
cwrs cyntaf

plat principal
prif gwrs

dessert
pwdin

boissons
diodydd

alimentation
bwyd

bouteille
potel

fast-food

bwyd cyflym

plats à emporter

bwyd y stryd

théière

tebot

sucrier

powlen siwgr

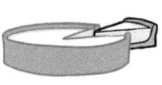

portion

dogn

machine à expresso

peiriant espresso

chaise haute

cadair plentyn

facture

bil

plateau

hambwrdd

couteau

cyllell

fourchette

fforc

cuillère

llwy

cuillère à thé

llwy de

serviette

napcyn

verre

gwydr

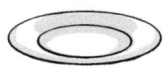

assiette

plât

assiette à soupe

plât cawl

soucoupe

soser

sauce

saws

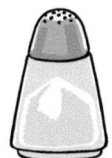

salière

pot halen

moulin à poivre

melin bupur

vinaigre

finegr

huile

olew

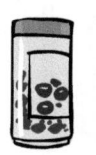

épices

sbeisys

ketchup

saws coch

moutarde

mwstard

mayonnaise

mayonnaise

supermarché
archfarchnad

offre promotionnelle
cynnig arbennig
FOR
client
cwsmer
produits laitiers
cynnyrch llaeth
fruits
ffrwythau
chariot
troli

BUTCHERS

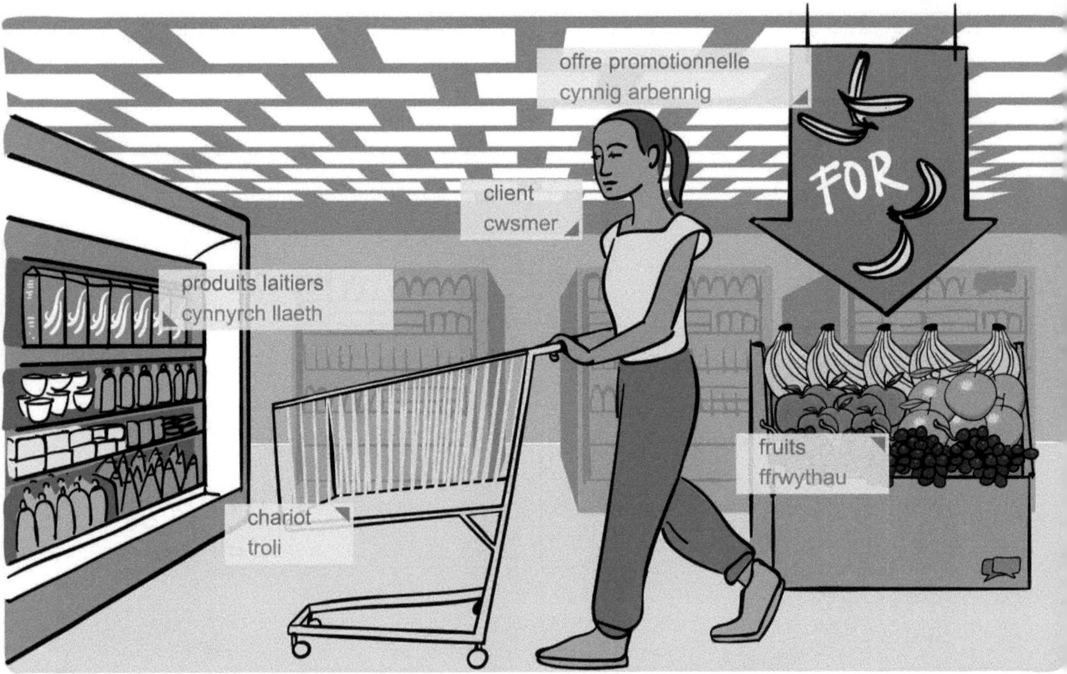

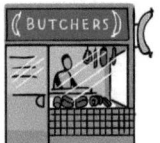

boucherie

siop gig

BAKERY

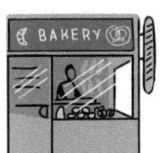

boulangerie

siop fara

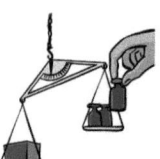

peser

pwyso

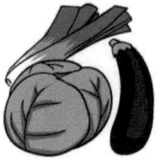

légumes

llysiau

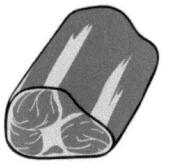

viande

cig

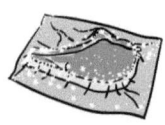

aliments surgelés

Bwyd wedi'i rewi

charcuterie

cig oer

conserves

bwyd tun

poudre à lessive

powdr golchi

bonbons

da-da

articles ménagers

cynnyrch cartref

détergents

cynhyrchion glanhau

vendeuse

gwerthwraig

caisse

til

caissier

ariannwr

liste d'achats

rhestr siopa

heures d'ouverture

oriau agor

portefeuille

waled

carte de crédit

cerdyn credyd

sac

bag

sac en plastique

bag plastig

eau

dŵr

jus de fruit

sudd

lait

llefrith

coca

côc

vin

gwin

bière

cwrw

alcool

alcohol

chocolat chaud

coco

thé

te

café

coffi

expresso

espresso

cappuccino

cappuccino

banane

banana

pomme

afal

orange

oren

melon

melon

citron

lemwn

carotte

moronen

ail

garlleg

bambou

bambŵ

oignon

nionyn

champignon

madarchen

noisettes

cnau

pâtes

nwdls

spaghetti

sbageti

riz

reis

salade

salad

pommes frites

sglodion

pommes de terre rôties

tatws wedi'u ffrïo

pizza

pitsa

hamburger

hambyrger

sandwich

brechdan

escalope

cytled

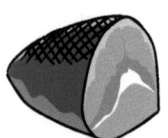

jambon

ham

salami

salami

saucisse

selsig

poulet

cyw iâr

rôti

rhost

poisson

pysgodyn

flocons d'avoine

ceirch uwd

muesli

miwsli

cornflakes

creision ŷd

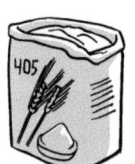

farine

blawd

croissant

croissant

petits-pains

bynsen

pain

bara

pain grillé

tost

biscuits

bisgedi

beurre

menyn

le fromage blanc

ceuled

gâteau

teisen

œuf

wy

œuf au plat

wy wedi'i ffrïo

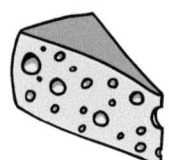

fromage

caws

glace

hufen iâ

sucre

siwgr

miel

mêl

confiture

jam

crème nougat

siocled taenu

curry

cyri

ferme
ffermdy

botte de paille
bwrn gwellt

grange
ysgubor

champ
maes

cheval
ceffyl

remorque
ôl-gerbyd

poulain
ebol

tracteur
tractor

âne
asyn

mouton
dafad

agneau
oen

chèvre
gafr

vache
buwch

veau
llo

porc
mochyn

porcelet
porchell

taureau
tarw

oie

gwydd

canard

hwyaden

poussin

cyw

poule

iâr

coq

ceiliog

rat

llygoden fawr

chat

cath

souris

llygoden

bœuf

ych

chien

ci

chenil

cwt ci

tuyau de jardin

pibell ddŵr

arrosoir

can dŵr

faucheuse

pladur

charrue

aradr

faucille
cryman

pioche
fforch chwynu

fourche
picwarch

hache
bwyell

brouette
berfa

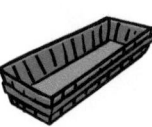

cuve
cafn

pot à lait
tun llefrith

sac
sach

clôture
ffens

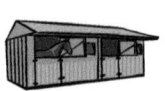

étable
stabl

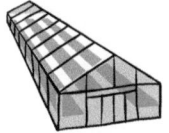

serre
tŷ gwydr

sol
pridd

semences
hedyn

engrais
gwrtaith

moissonneuse-batteuse
dyrnwr medi

récolter

cynaeafu

récolte

cynhaeaf

igname

iamau

blé

gwenith

soja

soi

pomme de terre

tysen

maïs

grawn

colza

had rêp

arbre fruitier

coeden ffrwythau

manioc

manioc

céréales

grawnfwydydd

maison

tŷ

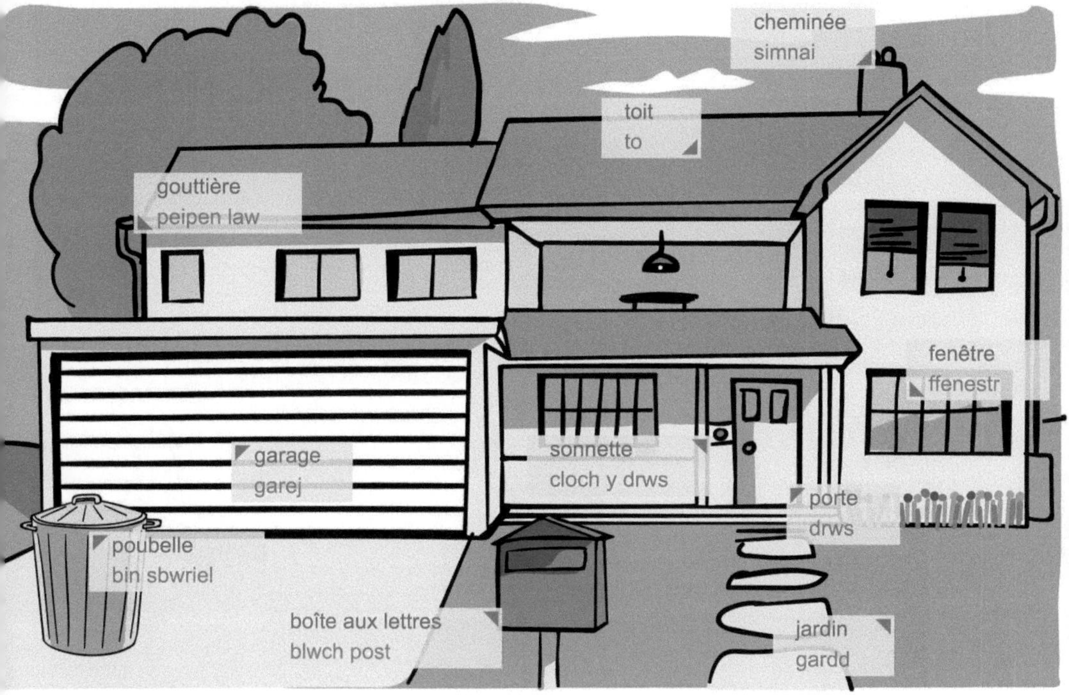

cheminée
simnai
toit
to
gouttière
peipen law
fenêtre
ffenestr
garage
garej
sonnette
cloch y drws
porte
drws
poubelle
bin sbwriel
boîte aux lettres
blwch post
jardin
gardd

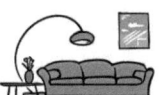

salon

lolfa

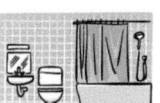

salle de bain

ystafell ymolchi

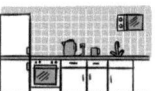

cuisine

cegin

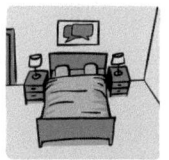

chambre à coucher

ystafell wely

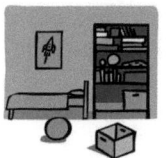

chambre d'enfant

ystafell plentyn

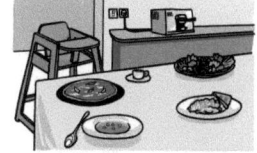

salle à manger

ystafell fwyta

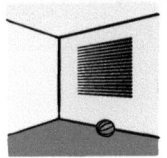

sol
llawr

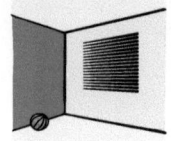

mur
wal

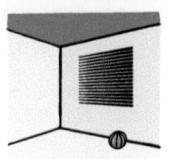

plafond
nenfwd

cave
seler

sauna
sawna

balcon
balconi

terrasse
teras

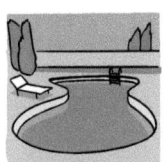

piscine
pwll

tondeuse à gazon
peiriant torri gwair

housse
taflen

couette
gorchudd gwely

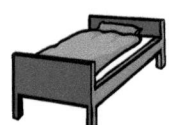

lit
gwely

balai
ysgub

sceau
bwced

interrupteur
swits

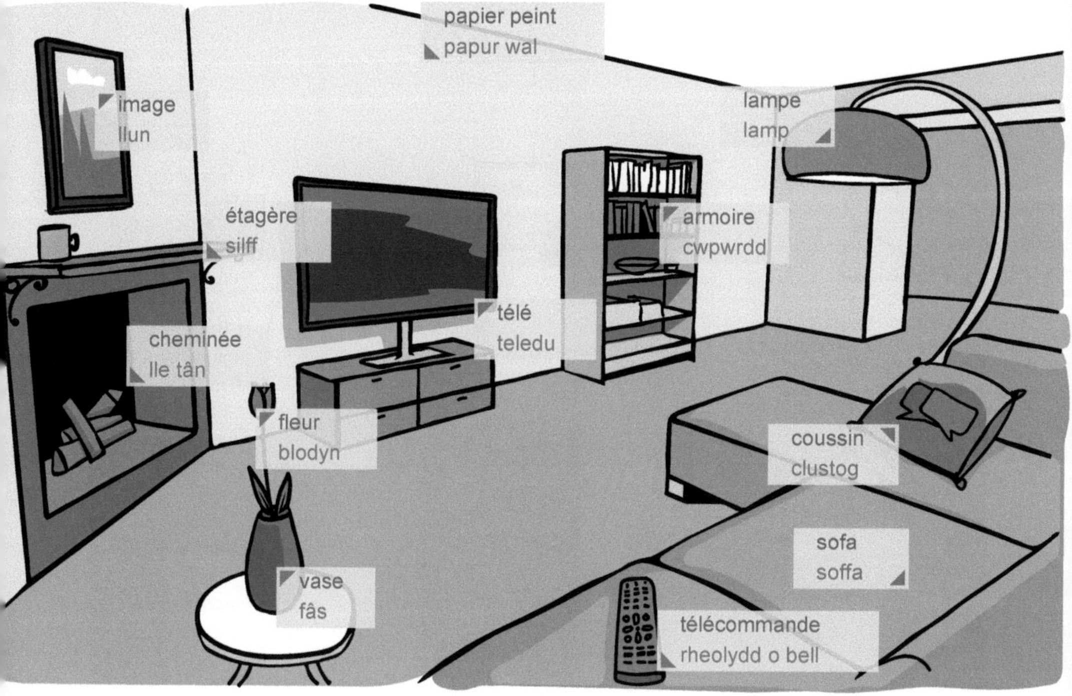

papier peint
papur wal

image
llun

lampe
lamp

étagère
silff

armoire
cwprwdd

cheminée
lle tân

télé
teledu

fleur
blodyn

coussin
clustog

sofa
soffa

vase
fâs

télécommande
rheolydd o bell

tapis
carped

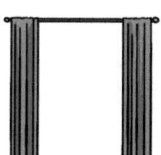

rideau
llen

table
bwrdd

chaise
cadair

chaise à bascule
cadair siglo

fauteuil
cadair freichiau

livre

llyfr

couverture

blanced

décoration

addurn

bois de chauffage

coed tân

film

ffilm

chaîne hi-fi

hi-fi

clé

agoriad

journal

papur newydd

peinture

darlun

poster

poster

radio

radio

bloc-notes

llyfr nodiadau

aspirateur

hwfer

cactus

cactws

bougie

cannwyll

cuisine
cegin

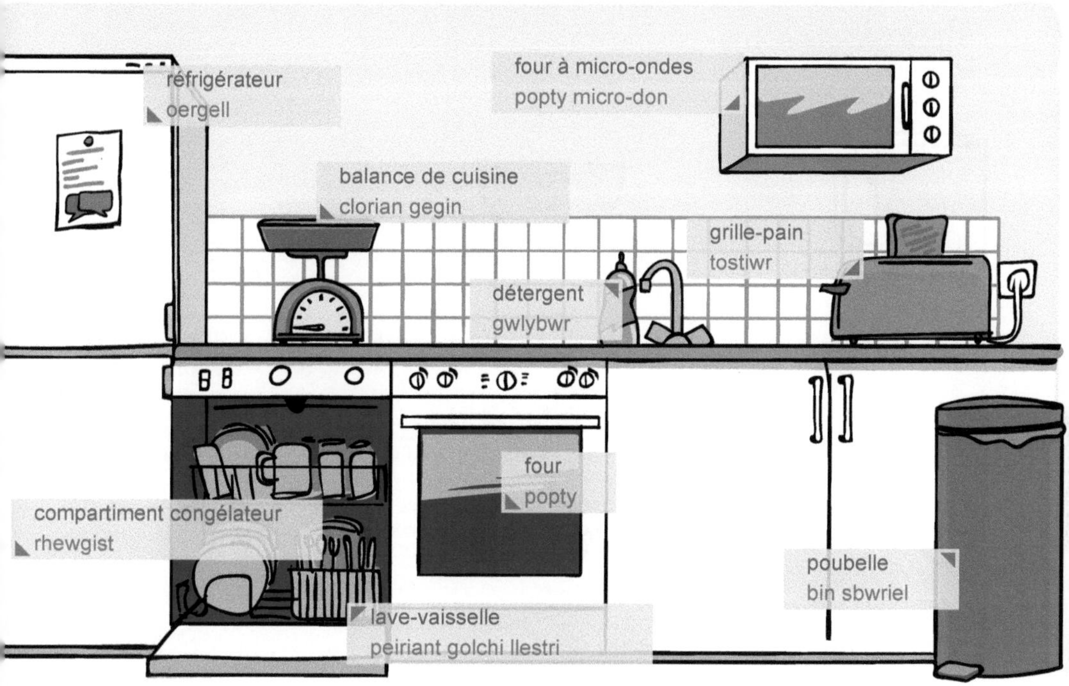

réfrigérateur
oergell
four à micro-ondes
popty micro-don
balance de cuisine
clorian gegin
grille-pain
tostiwr
détergent
gwlybwr
four
popty
compartiment congélateur
rhewgist
poubelle
bin sbwriel
lave-vaisselle
peiriant golchi llestri

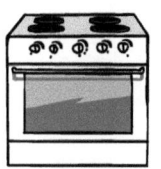

four

popty

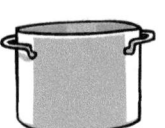

casserole

pot

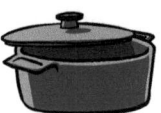

marmite

pot haearn bwrw

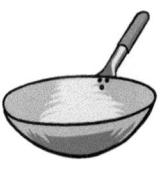

wok / kadai

wok / kadai

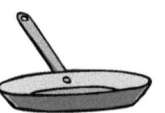

poêle

padell

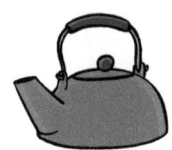

bouilloire electrique

tegell

cuiseur vapeur

sosban stemio

plaque de cuisson

hambwrdd pobi

vaisselle

llestri

gobelet

mwg

coupe

powlen

baguettes

gweill bwyta

louche

lletwad

spatule

ysbodol

fouet

chwisg

passoire

hidlydd

tamis

gogr

râpe

gratiwr

mortier

morter

barbecue

barbeciw

cheminée

tân agored

planche à découper
....
bwrdd torri cig

rouleau à pâtisserie
....
rholbren

tire-bouchon
....
tynnwr corcyn

boîte
....
tun

ouvre-boîte
....
peth agor tuniau

maniques
....
clwt pot

lavabo
....
sinc

brosse
....
brws

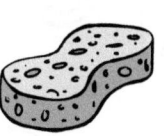

éponge
....
sbwng

mixeur
....
peiriant cymysgu

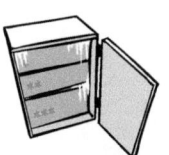

congélateur
....
rhewgell

biberon
....
potel babi

robinet
....
tap

salle de bain

ystafell ymolchi

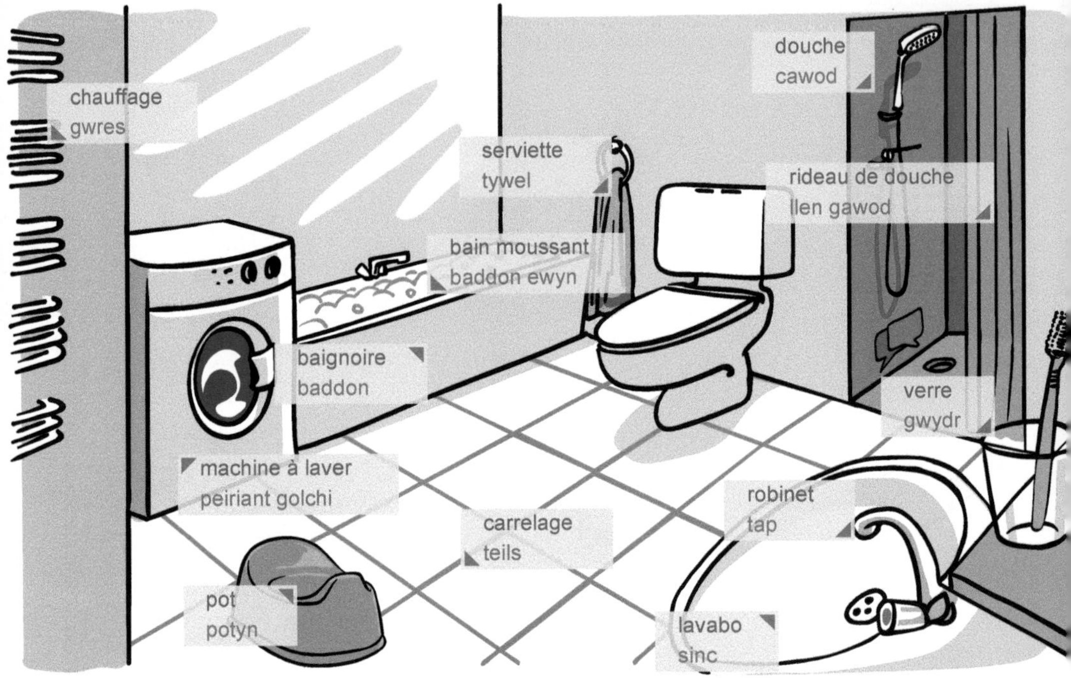

douche
cawod
chauffage
gwres
serviette
tywel
rideau de douche
llen gawod
bain moussant
baddon ewyn
baignoire
baddon
verre
gwydr
machine à laver
peiriant golchi
robinet
tap
carrelage
teils
pot
potyn
lavabo
sinc

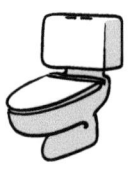

toilettes

tŷ bach

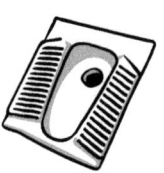

toilette à la turque

toiled cyrcydu

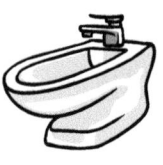

bidet

bidet

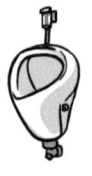

urinoir

troethfa

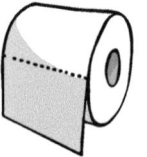

papier toilette

papur tŷ bach

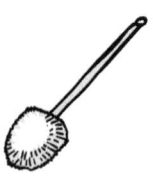

brosse à toilette

brws tŷ bach

brosse à dents

brws dannedd

dentifrice

past dannedd

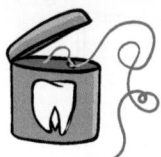

fil dentaire

edau ddannedd

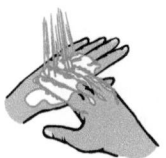

laver

golchi

douche manuelle

cawod llaw

douche intime

golchfa

vasque

basn

brosse dorsale

brws-ôl

savon

sebon

gel douche

gel cawod

shampooing

siampŵ

gant de toilette

gwlanen

écoulement

ffos

crème

hufen

déodorant

diaroglydd

miroir
drych

miroir cosmétique
drych llaw

rasoir
rasel

mousse à raser
ewyn eillio

après-rasage
sent eillio

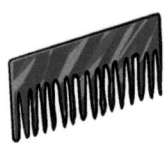

peigne
crib

brosse
brws

sèche-cheveux
sychwr gwallt

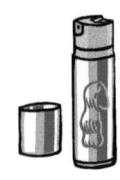

laque pour cheveux
chwistrell gwallt

fond de teint
colur

rouge à lèvres
minlliw

vernis à ongles
farnais ewinedd

ouate
gwlân cotwm

coupe-ongles
siswrn ewinedd

parfum
persawr

trousse de toilette

bag ymolchi

tabouret

stôl

pèse-personne

clorian

peignoir

gŵn baddon

gants de nettoyage

menig rwber

tampon

tampon

serviettes hygiéniques

tywel misglwyf

toilette chimique

toiled cemegol

chambre d'enfant
ystafell plentyn

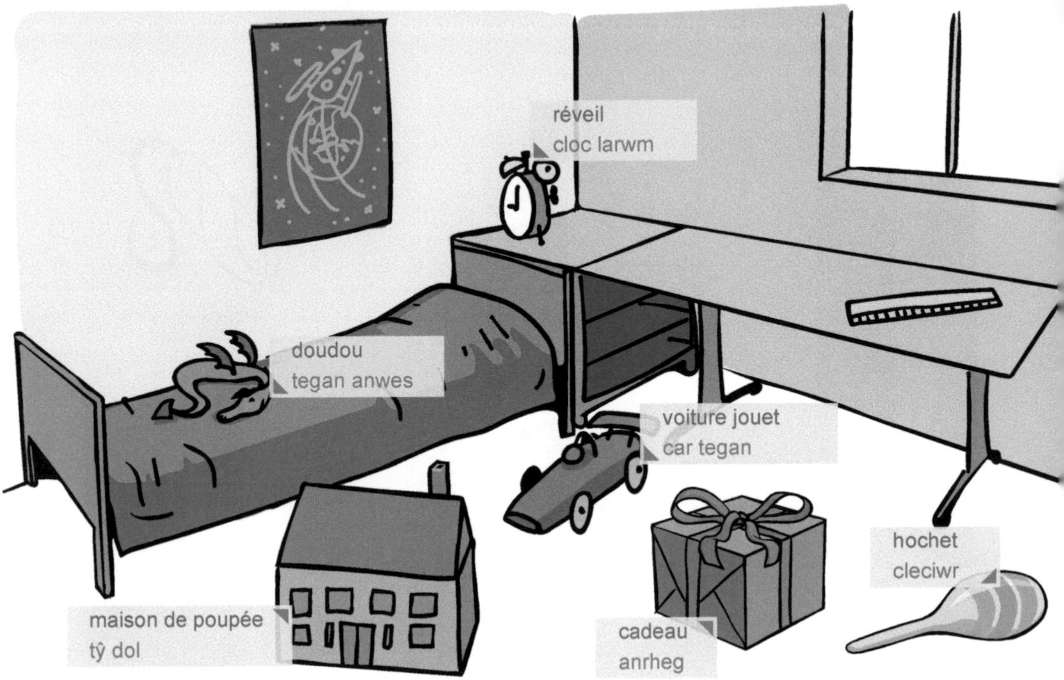
réveil
cloc larwm
doudou
tegan anwes
voiture jouet
car tegan
hochet
cleciwr
maison de poupée
tŷ dol
cadeau
anrheg

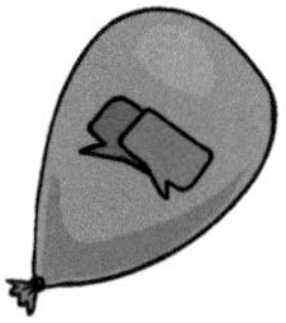

ballon

balŵn

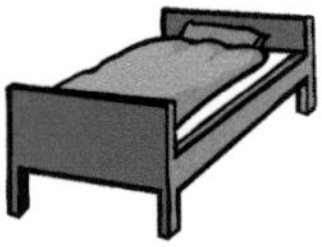

lit

gwely

poussette

pram

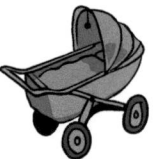

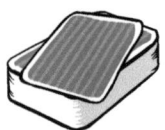

jeu de cartes

pecyn o gardiau

puzzle

jig-so

SUPER
MEGA

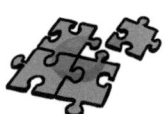

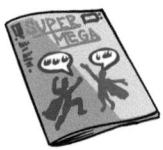

bande dessinée

comic

pièces lego

brics Lego

blocs de construction

blociau adeiladu

figurine

ffigur gweithredu

grenouillère

babygro

frisbee

ffrisbi

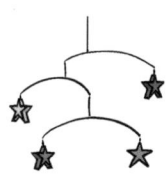

mobile

symudyn

jeu de société

gêm fwrdd

dé

deis

train miniature

set model trên

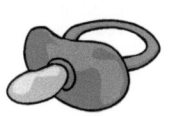

sucette

teth lwgu

fête

parti

livre d'images

llyfr lluniau

balle

pêl

poupée

dol

jouer

chwarae

bac à sable

pwll tywod

balançoire

swing

jouets

teganau

console de jeu

consol gemau fideo

tricycle

beic tair olwyn

ours en peluche

tedi

armoire

cwpwrdd dillad

vêtements

dillad

chaussettes

hosanau

bas

hosanau

collant

teits

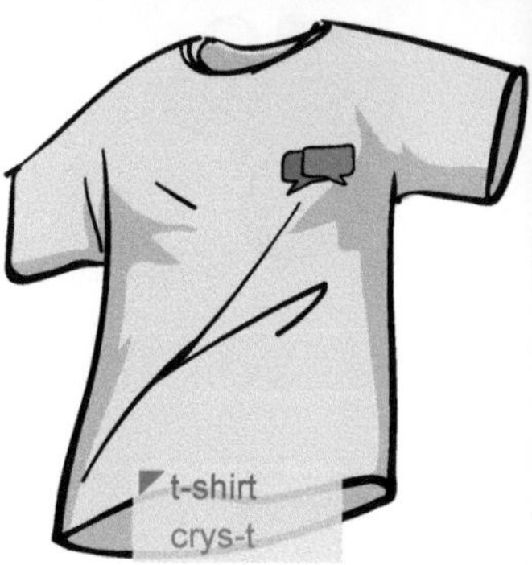

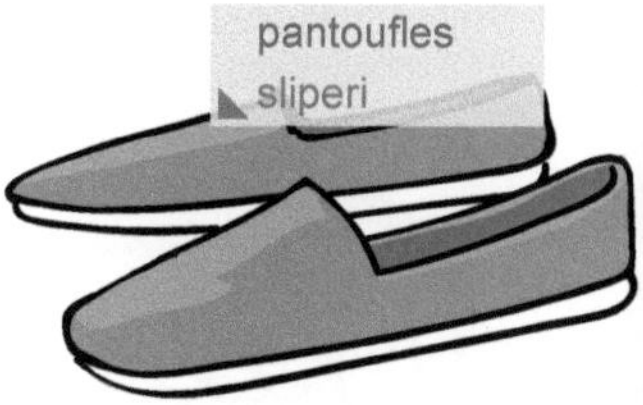

écharpe
sgarff

ceinture
gwregys

parapluie
ymbarél

t-shirt
crys-t

baskets
esidiau ymarfer

bottes
esgidiau

pantoufles
sliperi

sandales
sandalau

chaussures
esgidiau

bottes de caoutchouc
esgidiau rwber

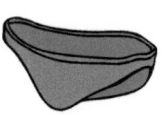

sous-vêtements
trôns

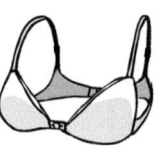

soutien-gorge
bra

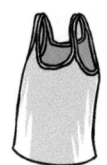

maillot de corps
fest

body

corff

pantalon

trowsus

jean

jîns

jupe

sgert

chemisier

blows

chemise

crys

pull

pwlofer

sweat à capuche

hwdi

veste

blaser

veste

siaced

manteau

côt

imperméable

côt law

costume

gwisg

robe

gŵn

robe de mariée

gwisg briodas

costume

siwt

chemise de nuit

gŵn nos

pyjama

pyjamas

sari

sari

foulard

sgarff pen

turban

tyrban

burqa

bwrca

caftan

cafftan

abaya

abaya

maillot de bain

gwisg nofio

maillot de bain

trowsus nofio

short

siorts

tenue d'entraînement

tracwisg

tablier

ffedog

gants

menig

bouton

botwm

lunettes

sbectol

bracelet

breichled

collier

cadwyn

bague

modrwy

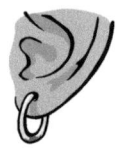

boucle d'oreille

clustdlws

bonnet

cap

cintre

cambren

chapeau

het

cravate

tei

fermeture éclair

sip

casque

helmed

bretelles

fframiau danedd

uniforme scolaire

gwisg ysgol

uniforme

gwisg

bavoir
bib

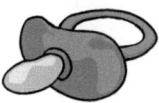

sucette
teth lwgu

lange
cewyn

bureau
swyddfa

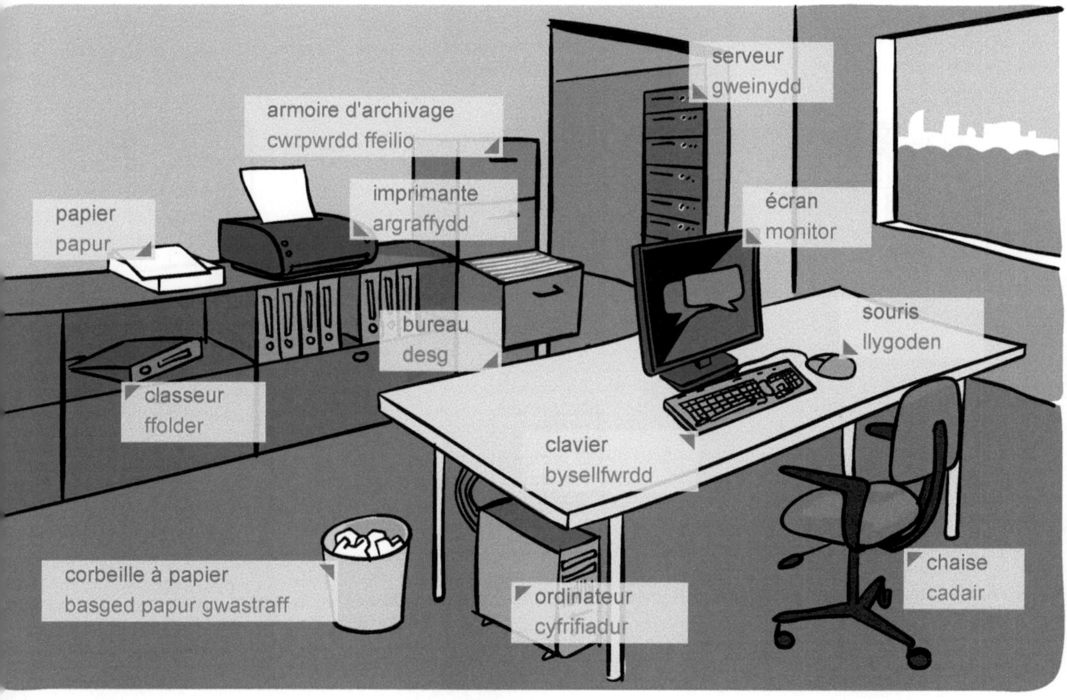

serveur
gweinydd

armoire d'archivage
cwrpwrdd ffeilio

imprimante
argraffydd

papier
papur

écran
monitor

souris
llygoden

bureau
desg

classeur
ffolder

clavier
bysellfwrdd

corbeille à papier
basged papur gwastraff

chaise
cadair

ordinateur
cyfrifiadur

tasse de café
mwg coffi

calculatrice
cyfrifiannell

internet
rhyngrwyd

ordinateur portable

gliniadur

lettre

llythyr

message

neges

portable

ffôn symudol

réseau

rhwydwaith

photocopieuse

llungopïwr

logiciel

meddalwedd

téléphone

teleffon

prise

soced plwg

fax

peiriant ffacs

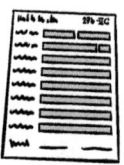

formulaire

ffurflen

document

dogfen

acheter

prynu

payer

talu

faire du commerce

masnachu

monnaie

arian

dollar

doler

euro

ewro

yen

yen

rouble

rwbl

franc suisse

ffranc y Swistir

renminbi yuan

yuan renminbi

roupie

rwpi

distributeur automatique

peiriant arian

bureau de change

swyddfa gyfnewid

or

aur

argent

arian

pétrole

olew

énergie

ynni

prix

pris

contrat

contract

taxe

treth

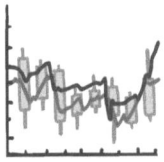

action

stoc

travailler

gweithio

employé

cyflogai

employeur

cyflogwr

usine

ffatri

magasin

siop

professions
swyddi

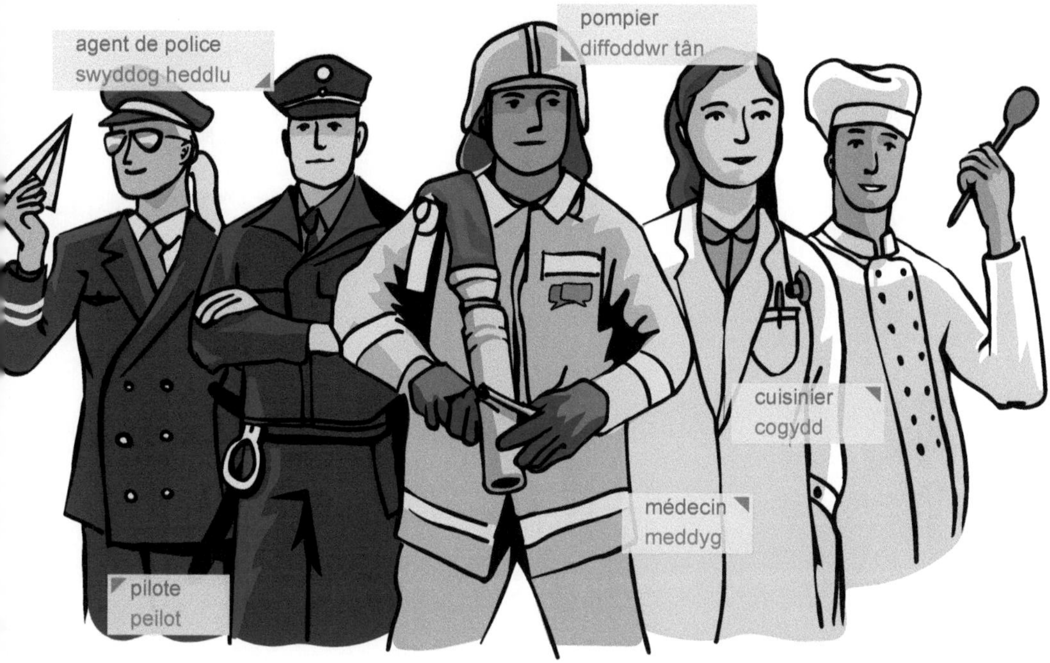
agent de police
swyddog heddlu
pompier
diffoddwr tân
cuisinier
cogydd
médecin
meddyg
pilote
peilot

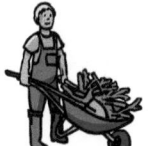

jardinier

garddwr

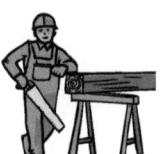

menuisier

saer

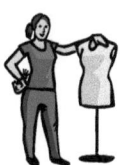

couturière

gwniadwraig

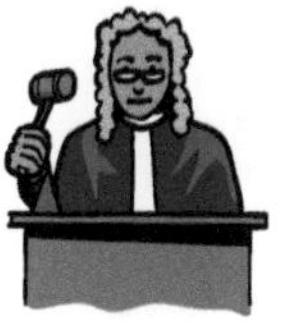

juge

barnwr

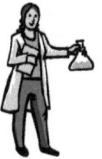

chimiste

fferyllydd

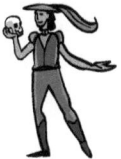

acteur

actor

conducteur de bus

gyrrwr bws

chauffeur de taxi

gyrrwr tacsi

pêcheur

pysgotwr

femme de ménage

glanhawraig

couvreur

töwr

serveur

gweinydd

chasseur

heliwr

peintre

paentiwr

boulanger

pobydd

électricien

trydanwr

ouvrier

adeiladwr

ingénieur

peiriannydd

boucher

cigydd

plombier

plymiwr

facteur

dyn y post

soldat
milwr

architecte
pensaer

caissier
ariannwr

fleuriste
gwerthwr blodau

coiffeur
triniwr gwallt

contrôleur
archwiliwr tocynnau
rheilffordd

mécanicien
mecanydd

capitaine
capten

dentiste
deintydd

scientifique
gwyddonydd

rabbin
rabi

imam
imam

moine
mynach

prêtre
clerigwr

outils

offer

marteau
morthwyl
pinces
gefail
tournevis
tyrnsgriw
clé
sbaner
torche
fflashlamp

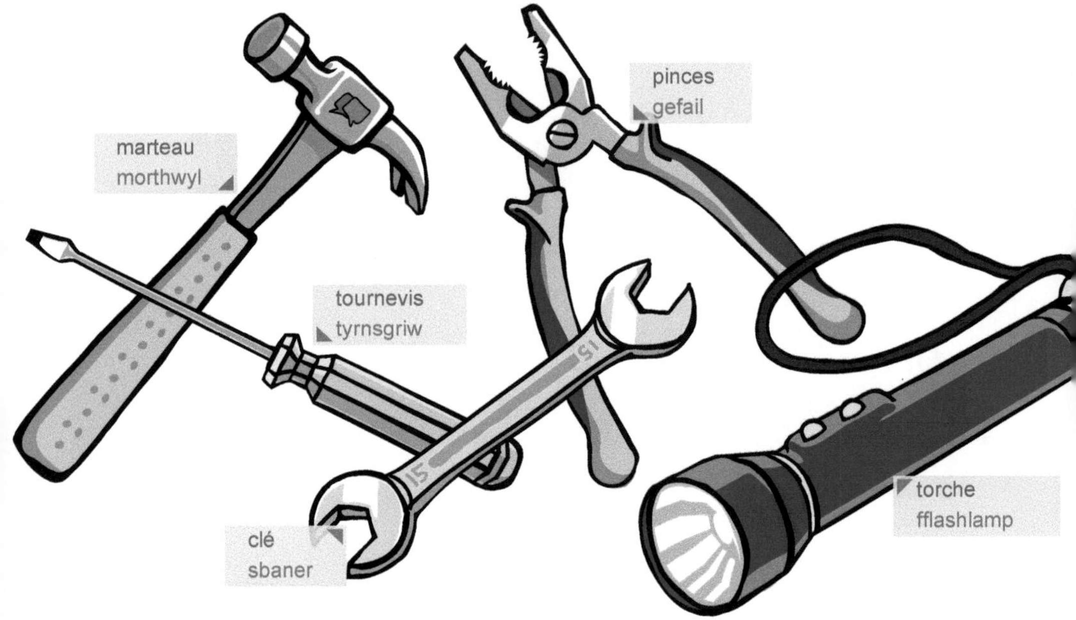

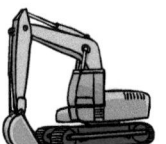

pelleteuse

turiwr

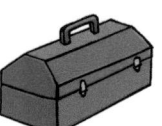

boîte à outils

blwch offer

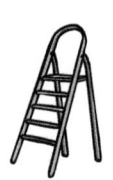

échelle

ysgol

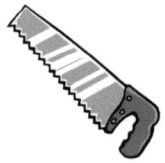

scie

llif

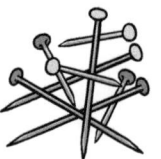

clous

hoelion

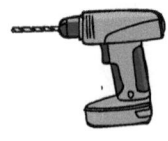

perceuse

dril

réparer

trwsio

pelle

rhaw

Mince !

Daria!

pelle

rhaw lwch

pot de peinture

pot paent

vis

sgriwiau

instruments de musique
offerynnau cerdd

haut-parleurs
uchelseinydd

batterie
set drymiau

guitare
gitâr

contrebasse
bas dwbl

trompette
trwmped

piano

piano

violon

ffidil

basse

bas

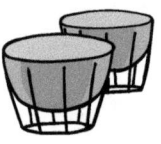

timbales

timpani

tambour

drymiau

piano électrique

cyweirfwrdd

saxophone

sacsoffon

flûte

ffliwt

microphone

meicroffon

tigre
teigr

entrée
mynediad

cage
cawell

zèbre
sebra

alimentation animale
bwyd anifeiliaid

panda
panda

animaux

anifeiliaid

éléphant

eliffant

kangourou

cangarŵ

rhinocéros

rhinoseros

gorille

gorila

ours

arth

chameau

camel

autruche

estrys

lion

llew

singe

mwnci

flamand rose

fflamingo

perroquet

parot

ours polaire

arth wen

pingouin

pengwin

requin

siarc

paon

paun

serpent

neidr

crocodile

crocodeil

gardien de zoo

gofalwr sŵ

phoque

morlo

jaguar

jagwar

poney

merlyn

léopard

llewpard

hippopotame

hipo

girafe

jiráff

aigle

eryr

sanglier

baedd

poisson

pysgodyn

tortue

crwban

morse

walrws

renard

llwynog

gazelle

gafrewig

american Football
pêl-droed America

cyclisme
beicio

tennis
tennis

basket-ball
pêl-fasged

natation
nofio

hockey sur glace
hoci iâ

boxe
bocsio

football
pêl-droed

badminton
badminton

athlétisme
athletau

handball
pêl-law

ski
sgïo

polo
polo

activités
gweithgareddau

rire
chwerthin
sauter
neidio
embrasser
cofleidio
marcher
cerdded
chanter
canu
rêver
breuddwydio
prier
gweddïo
faire la bise
cusanu

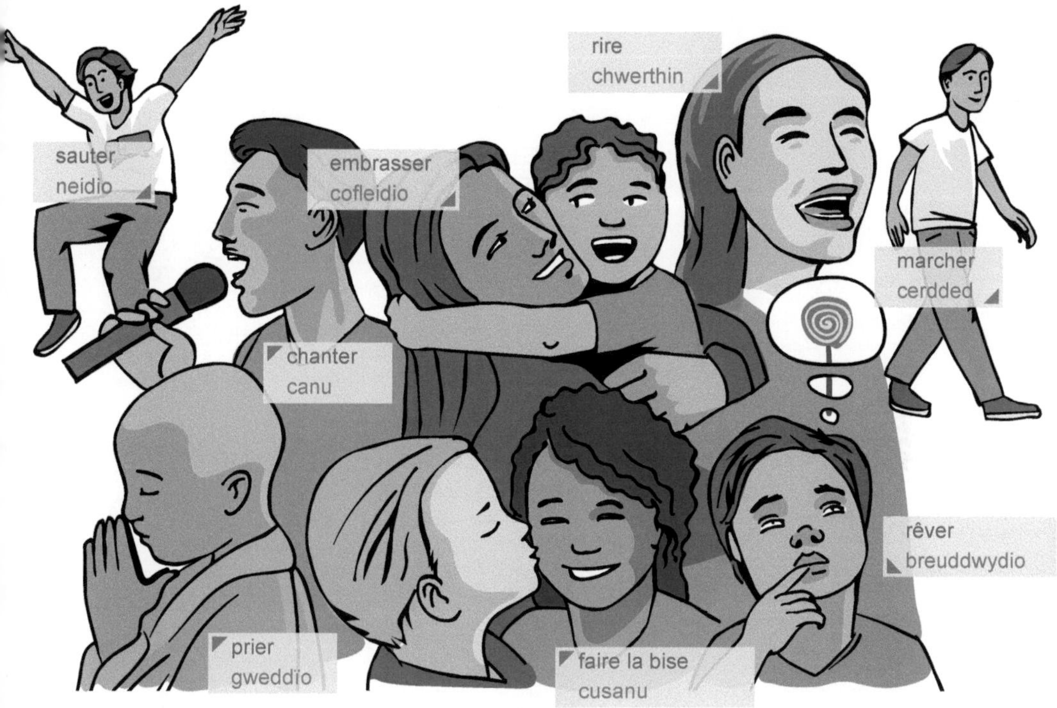

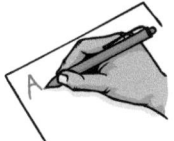

écrire

ysgrifennu

dessiner

arlunio

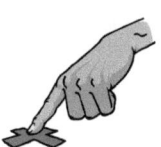

montrer

dangos

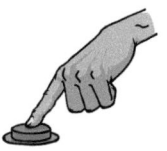

pousser

gwthio

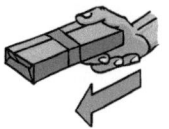

donner

rhoi

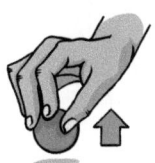

prendre

cymryd

avoir

bod gan

faire

gwneud

être

bod

être debout

sefyll

courir

rhedeg

trier

tynnu

jeter

taflu

tomber

disgyn

être couché

gorwedd

attendre

aros

porter

cario

être assis

eistedd

s'habiller

gwisgo amdanoch

dormir

cysgu

se réveiller

deffro

regarder

edrych ar

pleurer

crïo

caresser

anwesu

peigner

cribo

parler

siarad

comprendre

deall

demander

gofyn

écouter

gwrando

boire

yfed

manger

bwyta

ranger

tacluso

aimer

caru

cuire

coginio

conduire

gyrru

voler

hedfan

faire de la voile
hwylio

calculer
cyfrifo

lire
darllen

apprendre
dysgu

travailler
gweithio

se marier
priodi

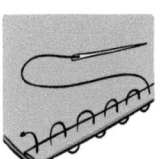

coudre
gwnïo

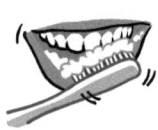

brosser les dents
brwsio dannedd

tuer
lladd

fumer
ysmygu

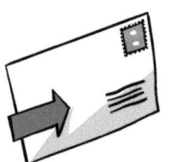

envoyer
anfon

grand-mère
nain

grand-père
taid

père
tad

mère
mam

bébé
baban

fille
merch

fils
mab

hôte

gwestai

tante

modryb

oncle

ewythr

frère

brawd

sœur

chwaer

corps

corff

front
talcen
œil
llygad
épaule
ysgwydd
doigt
bys
visage
wyneb
menton
gên
main
llaw
jambe
coes
poitrine
bron
bras
braich

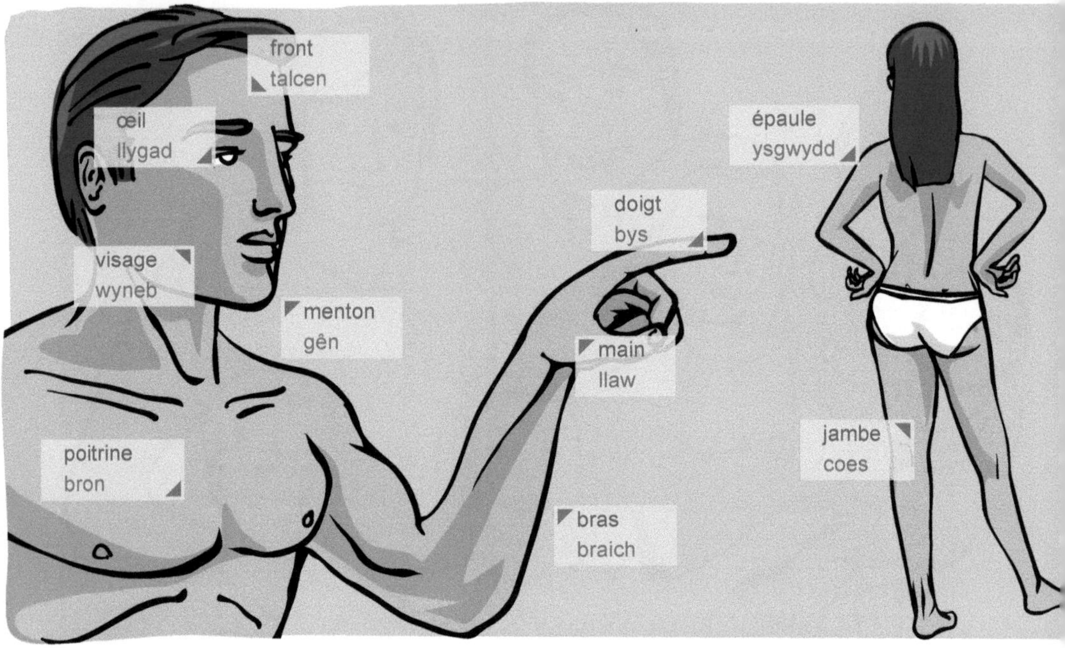

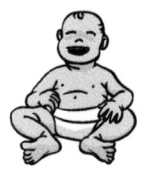

bébé

baban

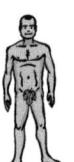

homme

dyn

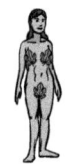

femme

gwraig

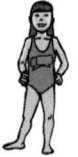

fille

geneth

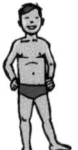

garçon

bachgen

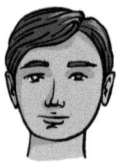

tête

pen

dos

cefn

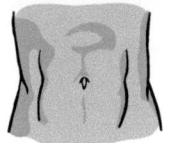

ventre

bel

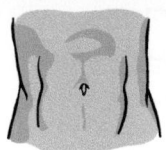

nombril

bogail

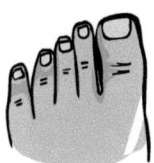

orteil

bys troed

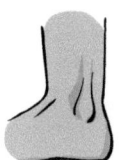

talon

sawdl

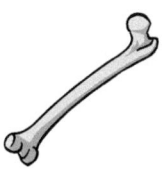

os

asgwrn

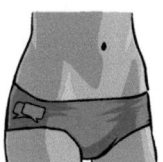

hanche

clun

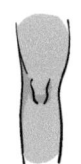

genou

pen-glin

coude

penelin

nez

trwyn

fesses

pen ôl

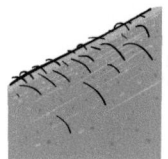

peau

croen

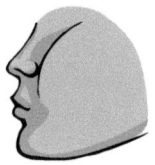

joue

boch

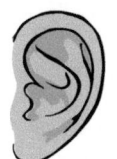

oreille

clust

lèvre

gwefus

bouche

ceg

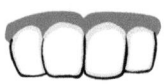

dent

dant

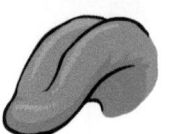

langue

tafod

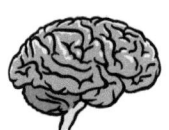

cerveau

ymennydd

cœur

calon

muscle

cyhyr

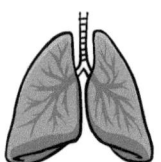

poumons

ysgyfaint

foie

iau

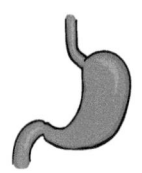

estomac

stumog

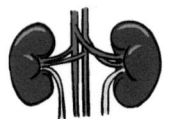

reins

arennau

rapport sexuel

rhyw

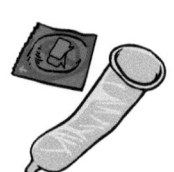

préservatif

condom

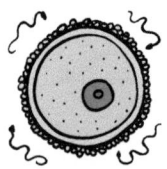

ovule

ofwm

sperme

semen

grossesse

beichiogrwydd

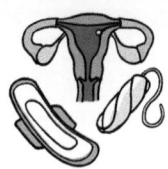

menstruation

mislif

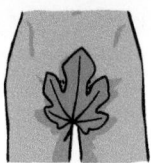

vagin

fagina

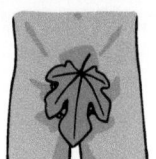

pénis

pidyn

sourcil

ael

cheveux

gwallt

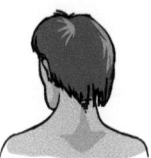

cou

gwddf

hôpital

ysbyty

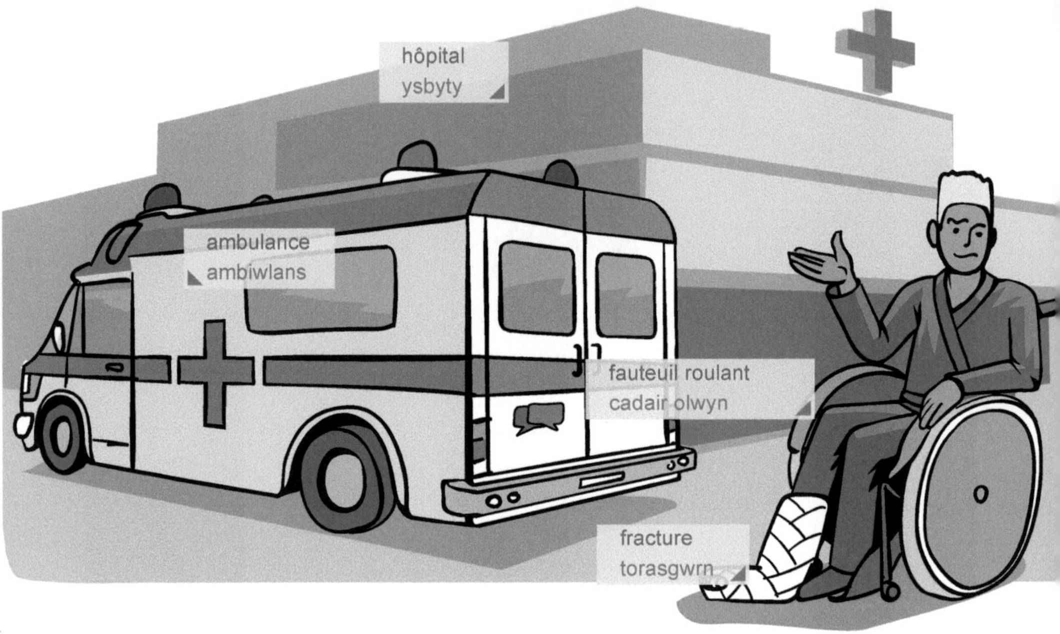

hôpital
ysbyty
ambulance
ambiwlans
fauteuil roulant
cadair olwyn
fracture
torasgwrn

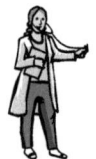

médecin

meddyg

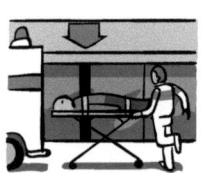

service des urgences

ystafell argyfwng

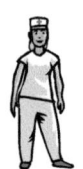

infirmière

nyrs

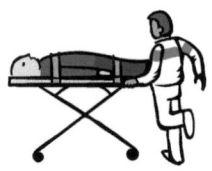

urgence

argyfwng

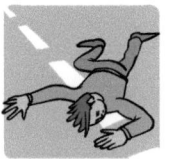

inconscient

anymwybodol

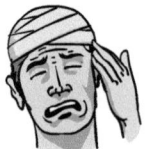

douleur

poen

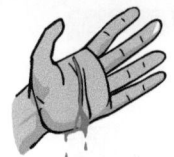

blessure
....
anaf

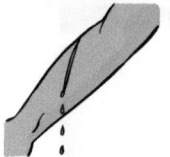

hémorragie
....
gwaedu

crise cardiaque
....
trawiad ar y galon

attaque cérébrale
....
strôc

allergie
....
alergedd

toux
....
peswch

fièvre
....
twymyn

grippe
....
ffliw

diarrhée
....
dolur rhydd

mal de tête
....
cur pen

cancer
....
canser

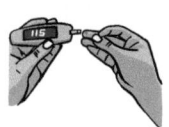

diabète
....
diabetes

chirurgien
....
llawfeddyg

scalpel
....
fflaim

opération
....
gweithrediad

CT

CT

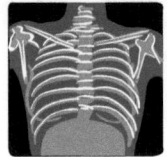

radiographie

pelydr-x

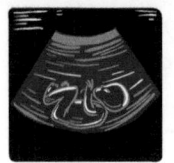

échographie

uwchsain

masque

mwgwd wyneb

maladie

clefyd

salle d'attente

ystafell aros

béquille

bagl

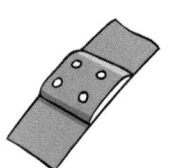

pansement

plastr

pansement

rhwymyn

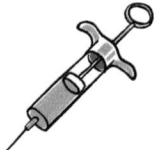

injection

pigiad

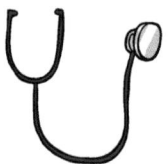

stéthoscope

stethosgop

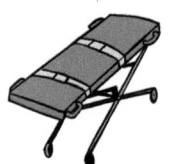

brancard

elorwely

thermomètre

thermomedr clinigol

accouchement

genedigaeth

surcharge pondérale

dros bwysau

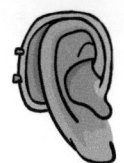

appareil auditif

cymorth clyw

désinfectant

diheintydd

infection

haint

virus

firws

VIH / sida

HIV / AIDS

médicament

meddygaeth

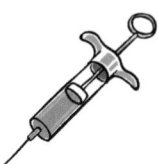

vaccination

brechiad

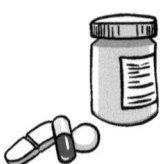

comprimés

tabledi

pilule

y bilsen

appel d'urgence

galwad frys

tensiomètre

monitor pwysau gwaed

malade / sain

yn sâl / yn iach

alarme

larwm

assaut

ymosodiad

Au secours !

Help!

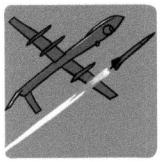

attaque

ymosodiad

danger

perygl

sortie de secours

allanfa argyfwng

Au feu!

Tân!

extincteur

diffoddwr tân

accident

damwain

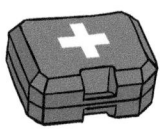

trousse de premier secours

pecyn cymorth cyntaf

SOS

SOS

police

heddlu

Europe

Ewrop

Amérique du Nord

Gogledd America

Amérique du Sud

De America

Afrique

Affrica

Asie

Asia

Australie

Awstralia

Océan atlantique

Iwerydd

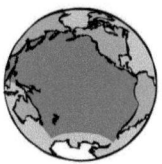

Océan pacifique

y Môr Tawel

Océan indien

Cefnfor yr India

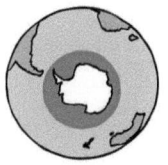

Océan antarctique

Cefnfor yr Antarctig

Océan arctique

Cefnfor yr Arctig

pôle nord

Pegwn y Gogledd

pôle sud

Pegwn y De

Antarctique

Antarctica

terre

y Ddaear

pays

tir

mer

môr

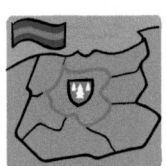

île

ynys

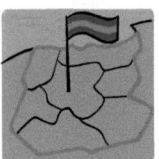

nation

cenedl

état

gwladwriaeth

cadran

wyneb cloc

aiguille des heures

bys awr

aiguille des minutes

bys munud

aiguille des secondes

bys eiliad

Quelle heure est-il ?

Faint o'r gloch yw hi?

jour

dydd

temps

amser

maintenant

yn awr

montre digitale

cloc digidol

minute

munud

heure

awr

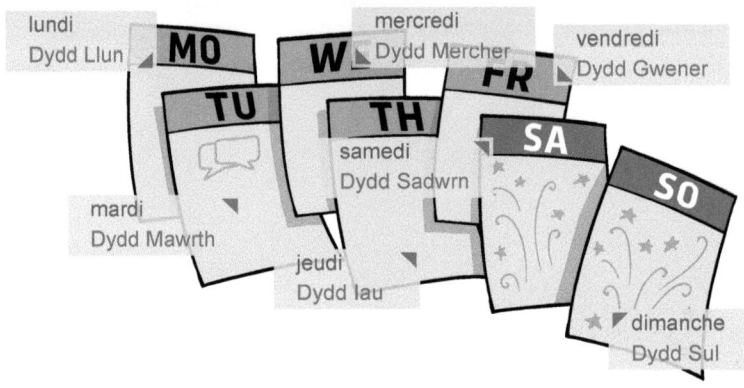

lundi
Dydd Llun

mercredi
Dydd Mercher

vendredi
Dydd Gwener

mardi
Dydd Mawrth

samedi
Dydd Sadwrn

jeudi
Dydd Iau

dimanche
Dydd Sul

hier

ddoe

aujourd'hui

heddiw

demain

yfory

matin

bore

midi

canol dydd

soir

noswaith

MO	TU	WE	TH	FR	SA	SU
1	2	3	4	5	6	7
8	9	10	11	12	13	14
15	16	17	18	19	20	21
22	23	24	25	26	27	28
29	30	31	1	2	3	4

jours ouvrables

diwrnodiau busnes

MO	TU	WE	TH	FR	SA	SU
1	2	3	4	5	6	7
8	9	10	11	12	13	14
15	16	17	18	19	20	21
22	23	24	25	26	27	28
29	30	31	1	2	3	4

week-end

penwythnos

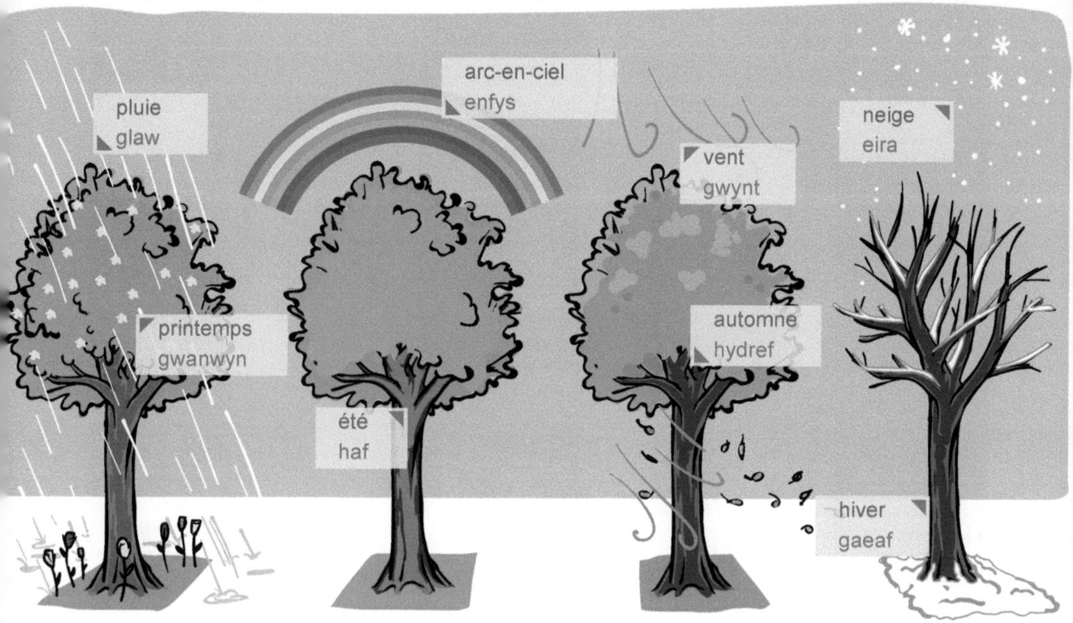

pluie
glaw
arc-en-ciel
enfys
neige
eira
vent
gwynt
printemps
gwanwyn
automne
hydref
été
haf
hiver
gaeaf

4.APRIL 11°
5.APRIL 4°
6.APRIL 13°
7.APRIL 8°
8.APRIL 10°

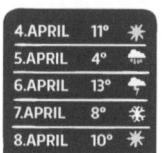

météo

rhagolygon y tywydd

F C
120 40
90 30
60 20
30 10
0 0
-30 -10
-20

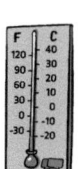

thermomètre

thermomedr

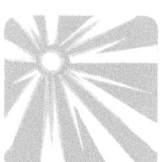

lumière du soleil

heulwen

nuage

cwmwl

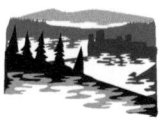

brouillard

niwl tew

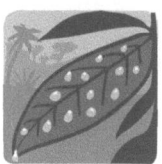

humidité

lleithder

foudre

mellt

tonnerre

taranau

tempête

storm

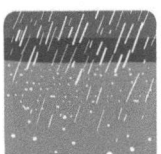

grêle

cenllysg

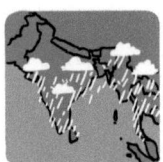

mousson

monsŵn

inondation

llif

glace

iâ

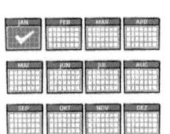

janvier

Ionawr

février

Chwefror

mars

Mawrth

avril

Ebrill

mai

Mai

juin

Mehefin

juillet

Gorffennaf

août

Awst

année - blwyddyn

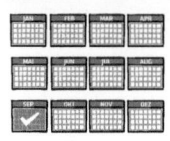

septembre
....
Medi

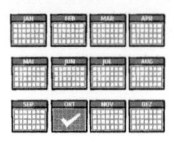

octobre
....
Hydref

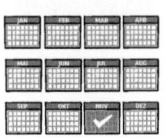

novembre
....
Tachwedd

décembre
....
Rhagfyr

formes
siapiau

cercle
....
cylch

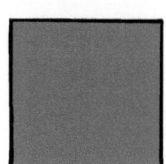

carré
....
sgwâr

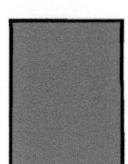

rectangle
....
petryal

triangle
....
triongl

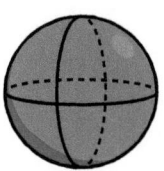

sphère
....
sffêr

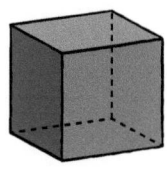

cube
....
ciwb

blanc

gwyn

jaune

melyn

orange

oren

rose

pinc

rouge

coch

violet

porffor

bleu

glas

vert

gwyrdd

marron

brown

gris

llwyd

noir

du

beaucoup / peu

llawer / ychydig

fâché / calme

dig / tawel

joli / laid

hardd / hyll

début / fin

dechrau / diwedd

grand / petit

mawr / bach

clair / obscure

llachar / tywyll

frère / soeur

brawd / chwaer

propre / sale

glân / budr

complet / incomplet

gyflawn / anghyflawn

jour / nuit

dydd / nos

mort / vivant

farw / yn fyw

large / étroit

llydan / cul

comestible / incomestible

bwytadwy / anfwytadwy

méchant / gentil

drwg / caredig

excité / ennuyé

llawn cyffro / diflasu

gros / mince

tew / tenau

premier / dernier

cyntaf / olaf

ami / ennemi

cyfaill / gelyn

plein / vide

llawn / gwag

dur / souple

caled / meddal

lourd / léger

trwm / ysgafn

faim / soif

wedi newynnu / yn sychedig

malade / sain

yn sâl / yn iach

illégal / légal

anghyfreithlon / cyfreithiol

intelligent / stupide

deallus / twp

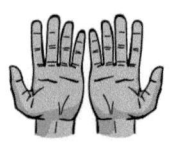

gauche / droite

chwith / dde

proche / loin

agos / pell

nouveau / usé

newydd / wedi'i ddefnyddio

rien / quelque chose

dim / rhywbeth

vieux / jeune

hen / ifanc

marche / arrêt

ymlaen / i ffwrdd

ouvert / fermé

ar agor / ar gau

faible / fort

tawel / uchel

riche / pauvre

cyfoethog / tlawd

correct / incorrect

cywir / anghywir

rugueux / lisse

garw / llyfn

triste / heureux

trist / hapus

court / long

byr / hir

lent / rapide

araf / cyflym

mouillé / sec

gwlyb / sych

chaud / froid

cynnes / claear

guerre / paix

rhyfel / heddwch

oppositions - cyferbyniadau

0

zéro

sero

1

un / une

un

2

deux

dau

3

trois

tri

4

quatre

pedwar

5

cinq

pump

6

six

chwech

7

sept

saith

8

huit

wyth

9

neuf

naw

10

dix

deg

11

onze

un deg un

12

douze

un deg dau

13

treize

un deg tri

14

quatorze

un deg pedwar

15

quinze

un deg pump

16

seize

un deg chwech

17

dix-sept

un deg saith

18

dix-huit

un deg wyth

19

dix-neuf

un deg naw

20

vingt

dau ddeg

100

cent

cant

1.000

mille

mil

1.000.000

million

miliwn

anglais

Saesneg

anglais américain

Saesneg America

chinois mandarin

Tsieinëeg Mandarin

hindi

Hindi

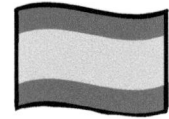

espagnol

Sbaeneg

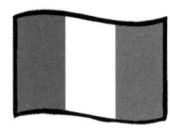

français

Ffrangeg

arabe

Arabeg

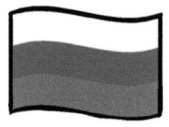

russe

Rwseg

portugais

Portiwgaleg

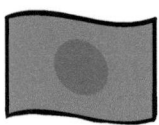

bengali

Bengali

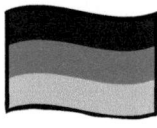

allemand

Almaeneg

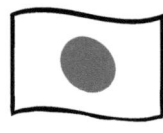

japonais

Siapanaeg

je
fi

tu
ti

il / elle / ce, c', cela
ef / hi

nous
ni

vous
chi

ils / elles
nhw

Qui ?
pwy?

Quoi ?
beth?

Comment ?
sut?

Où ?
ble?

Quand ?
pryd?

nom
enw

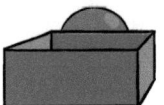

derrière
....
y tu ôl i

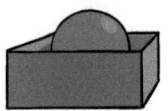

dans
....
yn / yng / ym / mewn

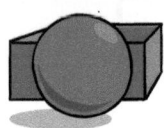

devant
....
o flaen

au-dessus
....
dros

sur
....
ar

en-dessous
....
dan

à côté de
....
wrth ochr

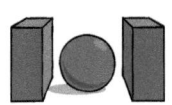

entre
....
rhwng

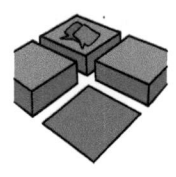

lieu
....
lle